AF227348

NOTES ET RÉFLEXIONS

CONTRE

LE PROJET DE RACHAT

DES CONCESSIONS DE CHEMINS DE FER

PAR LA RÉPUBLIQUE.

L'avenir d'un pays repose principalement sur le patriotisme de ses habitants. Si cette vertu commande quelquefois l'abnégation des intérêts privés et locaux en faveur des intérêts généraux, elle exige toujours au moins que ces intérêts privés leur soient subordonnés. Lorsqu'il en est ainsi, l'intérêt personnel ou local est un véhicule respectable, mais il devient une plaie nationale dès qu'il sort de cette condition secondaire.

(F.-A. Études Pratiques, 1841, page 114).

PARIS,

IMPRIMERIE DE MADAME DE LACOMBE,

RUE D'ENGHIEN, 12.

TABLE DES MATIÈRES

CONTENUES DANS CET OPUSCULE.

ERRATA.

Page 17, 25,000,000 indiqués, au lieu de 2,500,000 qui a été le revenu net des canaux signalé par M. Gouin.

INTRODUCTION.

Sous le Gouvernement déchu, je me suis occupé quinze années , avec dévouement et quelque intelligence , d'une grande question d'intérêt public—la navigation intérieure—lorsque j'arrivais au moment de faire recueillir au pays et de recueillir moi-même les fruits d'une longue et utile persévérance (1) la révolution de Février s'est produite, et au lieu de la mise en régie des canaux que j'obtenais, aujourd'hui il ne s'agit, ni plus ni moins, que d'exproprier les compagnies de chemins de fer et de mettre ces voies , avec les canaux eux-mêmes, aux mains de l'Etat, qui a réussi d'une manière si complète à paralyser, à gaspiller les centaines de millions que la Restauration et le Gouvernement de Louis-Philippe ont enfouis dans notre navigation intérieure, déjà si richement dotée par la nature.

Comme cet envahissement ne peut être justifié ni par l'intérêt public, ni par la prudence, et encore moins par les précédents administratifs de l'Etat, qu'il me paraît tout au contraire souverainement impolitique, il était de mon devoir de le combattre.

Si les écrits que j'ai distribués aux législatures précédentes ont pu préparer et mûrir la solution qui allait éclore en février dernier; s'ils ont pu encore donner une juste idée des principes de l'auteur, tout est à recommencer auprès de l'Assemblée nationale ! Pour suppléer à ce grave inconvénient, j'ajoute à la suite de cet opuscule des citations empruntées à quelques-uns de mes écrits intitulés : *Etudes pratiques sur la navigation intérieure.*

Rien, en effet, ne pouvait être plus pratique que ces études, car, pendant treize années consécutives, j'ai employé ma vie et ma fortune à parcourir en bateau, à pied, à cheval, tous les canaux, toutes les principales rivières de la France, de la Belgique, de l'Angleterre, de l'Ecosse, de manière à pouvoir juger, par comparaison, de leur constitution, de leur exploitation et de leur

(1) M. Daru, ex-pair de France, homme probe et très éclairé, a fait, en février dernier, au nom d'une Commission spéciale investie de l'examen de la question, un rapport remarquable sur cette affaire ; les hommes d'Etat de la République, quelles que soient leurs opinions sur la question, pourront puiser à cette source de *nombreuses et utiles lumières.* J'y recourrai plus d'une fois dans l'opuscule qui va suivre.

Cette Commission était composée de MM. Daru, Dupin aîné, d'Argout, d'Angeville, Dufaure, Muret de Bort , Boulay de la Meurthe , Legrand des ponts-et-chaussées , Boursy et Sabès des finances ; elle a été successivement présidée par MM. Lacave-Laplagne et Dumon.

administration, et c'est le résultat détaillé de cette longue, pénible et coûteuse enquête qui se trouve consigné dans des écrits publiés de 1833 à 1846.

Mon opuscule est terminé par deux documents d'une haute importance ! Deux citations extraites des rapports annuels des budgets de la monarchie, l'une de M. Gouin, aujourd'hui président du Comité des finances de la République qui, en juin 1839, conseillait vivement à la monarchie d'en finir sur la question des canaux ; l'autre de M. Bignon qui, le 29 mai 1847, donnait le même conseil, mais plus instamment encore !

Je vais rapprocher ces deux recommandations données au nom de la Commission la plus nombreuse et la plus spéciale de la chambre, à cette monarchie déchue *faisant la sourde oreille*, de la réflexion suivante que j'ai empruntée au rapport fait le 17 mai courant, à l'Assemblée Nationale, par le citoyen Duclerq, ministre des finances : « *Par cela même que la monarchie était profondément* » *impreignée de l'esprit aristocratique, l'institution des compagnies devait nécessaire-* » *ment rencontrer dans le pouvoir monarchique, un esprit bienveillant, dans l'opinion* » *générale du pays, une opposition clairvoyante et délibérée.* »

Eh bien ! c'est tout justement le contraire qui a eu lieu, puisqu'il résulte des rapprochements susindiqués, que c'était le pouvoir monarchique qui faisait obstacle aux compagnies et que c'est l'opposition clairvoyante et délibérée qui, après neuf années de lutte, parvenait enfin à lui forcer la main !..

Si quelques Représentants du peuple, et le Comité des travaux publics, ou les membres de Commissions spéciales de l'Assemblée nationale éprouvaient le désir de recevoir mes écrits ou de consulter l'auteur, je mets ma personne et mes écrits à leur disposition. Ils pourront rencontrer des citoyens plus éclairés, mais ils n'en trouveront pas de plus véridique, de plus pratique et de plus dévoué.

F. AULAGNIER ,

<table>
<tr><td>Mai 1848.</td><td style="text-align:right">Rue Miromesnil, 20.</td></tr>
</table>

NOTES ET RÉFLEXIONS

CONTRE

LE PROJET DE RACHAT

DES CONCESSIONS DE CHEMINS DE FER

PAR LA RÉPUBLIQUE.

L'avenir d'un pays repose principalement sur le patriotisme de ses habitants. Si cette vertu commande quelquefois l'abnégation des intérêts privés et locaux en faveur des intérêts généraux , elle exige toujours au moins que ces intérêts privés leur soient subordonnés. Lorsqu'il en est ainsi, l'intérêt personnel ou local est un véhicule respectable, mais il devient une plaie nationale dès qu'il sort de cette condition secondaire.

(F.-A. ETUDES PRATIQUES, 1841, page 414).

Le rapport du citoyen-ministre Garnier-Pagès, qui est dans le *Moniteur* du 9 mai, dit, à propos des chemins de fer, « *que l'existence des compagnies financières est radicalement incompatible avec les principes d'un gouvernement républicain, démocratique, unitaire.* » Je me plais à reconnaître, dans cette idée, un côté libéral humanitaire, mais elle est dominée par le souvenir des égarements de l'esprit d'association, tels qu'ils se produisirent dans les honteux tripotages qui suivirent, qui précédèrent même les concessions de chemins de fer faites sous la monarchie déchue. Ces souvenirs sont si près de nous, qu'il est inutile de s'y arrêter ; ce qui ne m'empêchera pas de les flétrir, à moi qui, loin d'y tremper , ai fait tout ce qu'il m'a été possible de faire pour les prévenir. Je comprends donc la répugnance du ministre des finances au souvenir de cette raffle de tant de modestes fortunes, de l'épargne de l'ouvrier, du denier de la veuve et de l'orphelin, allant enfler le trésor du capitaliste millionnaire, lequel n'aurait eu d'autre peine, aux yeux du vulgaire, que d'ouvrir une souscription et de recevoir, pour une mise première de 50 francs, une prime qui a atteint et même dépassé 500 francs en quelques occasions ! Ce souvenir est fait pour soulever le cœur de l'homme de bien ; mais s'ensuit-il parce que, à une époque récente, le torrent de la corruption prenant sa source dans les régions les plus élevées, envahissant souvent, sans même qu'elles s'en doutassent, presque toutes les classes de la société, s'ensuit-il, dis-je, que les écarts de l'esprit d'association doivent faire perdre de vue les bienfaits de l'institution ? Il me suffira de poser ce principe pour le résoudre.

N'est-ce pas, d'ailleurs, l'association qui a été invoquée naguère par les organes de la presse et de la tribune pour venir en aide à la classe ouvrière, dans l'inaction qui l'a frappée au début de notre révolution ? Qu'est-ce qui a enfanté les prodiges qui se révèlent à chaque pas sur le sol britannique, sinon l'association ? Le gouvernement anglais a-t-il contribué en quelque manière à ces vastes, immenses docks, à ces majestueux ponts d'un accès commode et facile qui bordent et couvrent la Tamise ? Est-ce le gouvernement qui a créé à Liverpool, sur les bords de la Mersey, ces quarante ports, bassins éclusés et de carénage, où des milliers de navires sont abrités, réparés, opèrent leurs manutentions jusqu'aux pieds d'immenses magasins, dont les étages multiples s'élèvent des entrailles de la terre jusques dans les nues ? Est-ce le gouvernement qui crée, en face de cette puissante cité de Liverpool, à cinq minutes de là, sur la rive gauche de la Mersey, ce nouveau port de Birkenead qui va devenir l'émule et le concurrent de Liverpool, qui va se relier à la métropole, et au Sud de l'Angleterre, par le pays de Galles, par un double réseau de canaux et de chemins de fer, comme Liverpool se relie au Centre, à l'Est et au Sud-Est de l'Angleterre, par un même double chaînon de lignes ferrées et de lignes navigables ? Est-ce au gouvernement encore que l'on doit ces merveilleuses communications qui ont porté la vie, un progrès qui tient de la féerie, dans l'industrie de nos voisins et rivaux, qui ont porté leur agriculture à un degré de perfectionnement qui, s'il satisfait le cœur de l'homme de bien, fait naître de douloureuses réflexions dans le cœur du Français, ami éclairé de son pays ? En Angleterre, le gouvernement ne se mêle de rien en industrie, sinon de la protéger, de l'abriter contre cette bureaucratie administrative qui, chez nous, est l'ennemie innée de l'industrie, parce que deux éléments, aussi contraires que ceux de la routine et du progrès, ne pourront jamais sympathiser !!

Aussi voyons-nous les résultats obtenus dans l'un et l'autre pays : c'est nous qui avons creusé les premiers canaux navigables ! Un demi-siècle après, les Anglais sont venus les copier, et, dans l'espace d'un autre demi-siècle, ils ont sillonné leur sol de lignes complètes, *où l'on a décuplé* les capitaux y employés, et aujourd'hui que le chemin de fer est venu se placer en antagoniste, mais en offrant une célérité magique là où vous ne trouviez qu'un service lent, quoique régulier et économique, les canaux sont-ils abandonnés ? On vous l'a dit, mais cela est faux ; je les ai vus florissants il y a moins d'une année ; j'ai dépouillé, analysé récemment des documents *parlementaires* anglais de la session de 1847, et il est résulté de ce travail des constatations qui paraîtront fabuleuses, mais dont j'ai la preuve en mains ; ainsi, lorsqu'on taxait de témérité (1) une Compagnie qui stipulait avec le gouvernement déchu de la ferme de 2000 kilomètres de canaux sur un revenu *probable* et net de 2,000 francs le kilomètre (*le revenu*

____

(1) Rapport de M. Daru, de février 1848, sur le projet de ferme des canaux.

net perçu par l'Etat, de **1843** *à* **1846**, *est moins que zéro*) **(1)**, les *petits* canaux anglais, formés presque partout en doubles lignes *navigables* concurrentes, qui se combinent avec une troisième ligne concurrente de chemins de fer, ces petits canaux se traitaient en 1847 pour la fusion ou la vente aux Compagnies de chemins de fer, sur un revenu net et moyen de près de **10,000** francs le kilomètre ! ! !

Ainsi, chez nous, le talent administratif de l'Etat a eu pour résultat de réduire à *zéro* ce qui vaut **10,000** francs chez nos voisins. C'est déjà un singulier résultat ; mais un autre, plus déplorable encore, est l'insignifiance des services rendus aux riverains par nos canaux ! Cette insignifiance a été telle, que, pendant les dernières années, ils ont considéré ce moyen de transport comme suranné, comme instrument à reléguer à la vieille ferraille, et cette fausse manière de voir n'a pas été étrangère à cet engouement pour les chemins de fer que vous nous opposez, maintenant qu'il s'agit de réveiller l'esprit d'association.

Mais n'y a-t-il donc pas moyen, dans l'association pour l'exploitation des voies de communication, de séparer le bon grain de l'ivraie ? d'empêcher que les grands capitaux n'absorbent les petits, après avoir laissé dans l'ornière l'élément de la richesse publique, que ces capitaux grands et petits étaient appelés à vivifier ?

Il faudrait désespérer de l'intelligence et de la moralité de la nation française, pour oser résoudre négativement le question que nous venons de poser.

Je vais poser quelques bases de cette solution. Jusqu'ici vous avez organisé aristocratiquement la plupart de vos associations industrielles ; démocratisez les maintenant, empêchez le cumul, la combinaison clandestine des votes, appelez à votre aide la publicité, la clarté, toute la libéralité possibles. Préservez-les de l'agiotage qui a tout perdu jusqu'ici, et cela est plus facile que vous ne le pensez : c'est ainsi que vous créerez cet esprit d'association qui vivifie l'industrie de nos voisins, et plus que tout autre chose, et à l'égard des principales branches d'industries, les rend nos supérieurs !! Mais vous parlez de tout bien à votre aise, direz-vous ! vous oubliez nos milliers d'ouvriers sur le pavé, la désorganisation de toutes nos compagnies, l'à sec des caisses de nos banquiers, la perte de leur crédit, le découragement qui les a saisis le lendemain de notre révolution ! Je n'oublie rien de tout cela ; je pense, au contraire, à changer chacun de ces obstacles en autant d'auxiliaires. — Il faut des bras

---

<table>
<tr><td></td><td align="right">Moyenne annuelle.</td></tr>
<tr><td>(1) Le rapport Daru indique, pour les années 1843 à 1846, les frais d'entretien et d'exploitation des canaux dits de la Ferme, à . . . . .</td><td align="right">3,953,000</td></tr>
<tr><td>Et le revenu moyen annuel à . . . .</td><td align="right">3,946,000</td></tr>
<tr><td>De 1843 à 1846, ces canaux ont donné une perte annuelle de . . . fr.</td><td align="right">7,000</td></tr>
</table>

plus, l'intérêt d'un capital d'environ 300 millions !!

pour entretenir, achever, administrer nos chemins de fer et nos canaux. — Peut-être en faudra-t-il moins aux compagnies qu'à l'Etat ; mais en ce cas les ouvriers relevant des compagnies seront mieux traités, plus encouragés que s'ils relevaient de l'Etat (1) ; mais l'argent des compagnies, où est-il ? On le trouvera dans la confiance qu'inspireront nécessairement de bonnes affaires, bien et libéralement organisées ; des affaires où les petits et les grands capitaux trouveront une protection égale. Le contraire a eu lieu jusqu'ici, et de là est venu qu'on ne s'est jeté sur les affaires industrielles, en général, que pour agioter ; j'admettrai volontiers qu'une pareille révolution ne peut s'improviser, qu'elle exigera de longs débats, une organisation laborieuse. — C'est très vrai, mais en attendant, si l'Etat doit venir en aide aux travailleurs, à la grande et féconde industrie des moyens de transport, que ce ne soit pas en se mêlant des travaux, que son doigt, comme l'a dit Manuel en 1822 (voir les notes en appendice), n'empoisonne pas l'affaire ; que l'Etat se contente de prêter son argent ou son crédit aux compagnies : ce sera alors la véritable occasion d'exiger le changement des statuts de ces compagnies, de substituer les principes libéralement démocratiques, aux principes aristocratiquement égoïstes, à ces principes qui jusqu'ici ont compromis le succès de l'esprit d'association.

Il est un point capital sur lequel je dois appeler l'attention publique. Dès son installation à l'Hôtel-de-Ville, la République s'est posée comme gouvernement essentiellement moral ; M. Ledru-Rollin disait dans sa circulaire aux maires : « *La République n'est impitoyable que vis-à-vis des fripons et des égoïstes ;* » *leur règne a été assez long, il est temps que celui des honnêtes gens commence et* » *s'affermisse !! »*

J'ai lu cette profession de foi avec un bonheur indicible, peut-être et d'abord par un retour sur ce que j'ai souffert des mauvaises passions signalées par la circulaire ministérielle ; mais ensuite, et surtout, parce que si la République était immorale son règne serait de courte durée ; mais comment le gouvernement républicain espère-t-il pouvoir accomplir cette haute mission de moralité, s'il pense se charger de l'administration d'industries aussi difficiles que celles qui concernent nos voies de transport? A-t-il donc oublié la foule des solliciteurs qui l'a assailli dès le lendemain de la révolution? Les barricades

---

(1) Vous pensez répartir sur les chemins de fer en construction, cette masse d'ouvriers parisiens inoccupés! mais connaissez-vous, comme les compagnies, l'opportunité, l'urgence, la véritable économie des travaux à entreprendre? l'aptitude des ouvriers à y employer? Si vous vous trompez à cet égard, que ferez-vous des ouvriers, lorsque reconnaissant vos erreurs, vous voudrez revenir en arrière? Ne pouvez-vous pas, d'ailleurs, exiger des compagnies l'achèvement et l'entretien de leurs concessions, et alors si elles manquent à leurs engagements, voilà une occasion d'expropriation qui laisse intact le respect aux traités et qui satisfait la démangeaison d'expropriation!

étaient encore debout, gardées par leurs défenseurs, que les antichambres de nos ministres étaient encombrées de solliciteurs; j'ai l'ai vu de mes yeux par l'effet du hasard; j'ai vu de plus, parmi eux, maints beaux habits, maintes décorations, mais pas une seule blouse!! Nos ministres, improvisés administrateurs industriels, espèrent-ils découvrir le vrai mérite, la vraie spécialité, par instinct, par intuition, au milieu de leurs innombrables vacations et préoccupations? Espèrent-ils demeurer complètement à l'abri des influences et des intimidations politiques, des recommandations dorées, de mille et un fils patents ou secrets qui aboutissent au cœur humain, à celui de l'homme du pouvoir surtout? Eh! laissez donc, vous êtes républicains, oui! et vous l'êtes franchement, mais vous êtes hommes, de votre nation, de votre époque, et si vous vous mêlez d'organiser, de diriger de grandes exploitations industrielles, il ne faut pas une grande perspicacité pour prédire, que ces affaires se perdront en vos mains (1), que pour quelques amis de circonstance qu'elles vous procureront, elles vous attireront une foule d'ennemis, et les plus redoutables seront ces travailleurs que vous voulez occuper maintenant. J'ai parcouru, étudié et vécu quinze années autour des canaux que vous administrez, et le stimulant le plus actif que j'aie rencontré à la poursuite de ma tâche, a été la condition malheureuse qui est faite à vos nombreux agents inférieurs! Que de choses je pourrais dire à cet égard et dont je me suis abstenu par respect des convenances.

Il est un point essentiel sur lequel je pourrais encore appeler l'attention du pays, c'est à l'égard des établissements puissants, habilement placés et dirigés, qui se sont établis aux abords de vos canaux, comme il en sera aussi autour des chemins de fer, établissements qui ont cherché et chercheront à monopoliser ces voies à leur profit. Il me sera aisé de jeter sur cette face de la question des lumières toutes spéciales, *de présenter à vos Commissions des détails de plans que j'ai préparés et recueillis de longue main*, toutes choses qu'il me paraît inopportun de faire maintenant; mais en attendant l'occasion, je me bornerai, pour appuyer ou préparer cette argumentation nouvelle, à reproduire ci-après quelques passages du discours prononcé à la Chambre des députés, le 21 mai 1844, par M. Dumon, ministre, dont personne ne récusera les lumières et l'expérience. Il disait, à l'occasion de la loi des chemins de fer : « Le Gouvernement avait demandé l'autorisation d'exploiter la portion du chemin du Nord déjà faite, et « le crédit nécessaire; la Commission du budget, c'est-à-dire, la Commission « de la Chambre à qui ces questions de finances et d'économie politique sont « plus familières, a cru voir dans cette exploitation temporaire et forcée, un pré-

(1) On m'objectera la régie des tabacs qui donne près de 80 millions à l'Etat, mais l'Etat ne souffre pas de concurrence, il impose ses prix, ses qualités. En sera-t-il de même pour ceux de nos produits qui auront à lutter à l'étranger avec des produits similaires, ou pour les industries où le prix de transport entre pour beaucoup dans la valeur des produits?

« cédent dangereux, et pour bien marquer que l'opinion de la Chambre, re-
« présentée par sa Commission, *n'était pas pour que l'État exploitât, a réduit à*
« *moitié le crédit demandé,* sauf à combler la lacune par des crédits supplémen-
« taires. Cette décision si remarquable a été prise *à l'unanimité* par la Commission
« du budget, et elle se fonde sur deux raisons : la première, c'est qu'il est dif-
« ficile que l'État entre dans une exploitation industrielle ; la deuxième, c'est
« qu'il est dangereux que les tarifs soient constamment exposés à des réductions
« auxquelles *on ne peut pas toujours résister, et auxquelles il est quelquefois dange-*
« *reux de céder ! ! !* Je crois qu'il n'est pas bon que l'État se charge de l'exploita-
« tion industrielle.

« Sur les chemins de fer il ne s'agit pas de percevoir un impôt ; *c'est unique-*
« *ment le prix d'un service rendu qu'il s'agit de demander au public.* Ce n'est pas sans
« raison que les Chambres ont toujours eu une grande inquiétude quand elles
« ont vu l'État entrer dans la voie de l'exploitation industrielle. *C'est que l'État*
« *n'est pas assez fort sur ce terrain ; c'est que l'industrie exige une liberté de mouve-*
« *ment, une indépendance d'action, une pleine autorité dans tous ses actes, qui sont*
« *incompatibles avec la forme et les droits du Gouvernement et avec les devoirs des*
« *Chambres.* »

Et plus loin, et à propos des tarifs, **M.** Dumon ajoute :

« L'industrie privée résiste aux instances du public, par une raison toute
« simple, c'est qu'elle se défend elle-même, qu'elle combat, si je puis m'expri-
« mer ainsi : *pro aris et focis* ; il n'en est pas de même de l'État, il n'a pas cette
« énergie de résistance que donne la nécessité de l'intérêt privé ; il a à côté de
« lui, en face de lui, des exigences encore plus fortes que sa résistance ne pour-
« rait être énergique. *C'est ce que démontre l'exemple de la Belgique.* Il faut que
« les tarifs soient rémunérateurs, personne ne le conteste, personne ne peut dire
« qu'il soit du devoir de l'État de créer des chemins de fer, où la locomotion soit
« gratuite, où les tarifs ne représentent que nominalement une partie du capital
« employé aux constructions.

« Les voies de fer sont privilégiées, il ne peut y en avoir partout ; dès-lors il
« y aurait une grande injustice à ce que cette œuvre de sacrifice commun fût
« abandonnée à quelques-uns à des prix démesurément réduits ; il y aurait une
« grande injustice, quand on prive une grande partie du royaume de la jouis-
« sance des voies perfectionnées, de ne pas mettre la jouissance de ces voies à
« un prix qui dédommage des sacrifices qu'il a fallu faire pour les construire.
« Personne ne contestera que si les chemins de fer étaient entre les mains de
« l'État, s'il les exploitait, s'il pouvait fixer les tarifs chaque année, s'il était en
« mesure de répondre à toutes les exigences, nécessairement le taux des tarifs
« ne descendît immédiatement au-dessous de ce qu'il est nécessaire d'attendre
« de la perfection des communications nouvelles ; personne ne doute que nous

« n'entrions à l'instant, dans une voie où la Belgique est entrée, c'est-à-dire,
« dans *l'abaissement des tarifs presque indéfini, etc.*, *etc.* (1). »

Puisque M. Dumon cite l'exemple de la Belgique, dont l'administration industrielle était considérée par de bons esprits comme une heureuse exception à
l'incapacité administrative industrielle des gouvernements en général ; je vais
appuyer cette nouvelle opinion de l'indication d'un fait très caractéristique que
j'emprunte au compte-rendu de son chemin de fer, publié en 1847, par M. Bel-
paire, l'un de ses ingénieurs. Il résulte du tableau, page 496, que je produirai
au besoin , que chaque myriamètre du chemin de fer de la Belgique lui donne
un revenu net et moyen de 101,000 fr. pour un poids net et total qui est trans-
porté, d'environ 83,000 tonnes ; là-dessus, la grosse marchandise figure en recette pour 16,000 fr., et en poids, pour 59,500 tonnes. Il en résulte que les autres
chefs de circulation donnent 85,000 fr. pour un poids net de 23,500 tonnes.

Pour conclusion :

Une tonne, soit 1,000 kilogrammes de grosses marchandises, exigeant beaucoup de soins, de peines, d'embarras et de risques, produit par myriamètre de
parcours. . . . . 0 fr. 27 cent.
lorsque 1,000 kilogrammes représentés par des voyageurs, des bagages, des petites marchandises, du bétail, des équipages, qui donnent moins d'embarras et
moins de risques, ont produit à l'État. . . . . 1 fr. 22 cent.

C'est-à-dire que les éléments de transport les plus commodes, les plus faci-
les, les moins casuels, procurent une recette quintuple à celle de la marchandise qui , elle-même, *ne couvre pas l'intérêt du capital employé au Chemin de fer* ;
cela est d'autant plus grave que la Belgique exploite sans rivalité aucune (2),

(1) Voici comment s'exprime M. Daru, sur le même point, dans son rapport déjà mentionné:
« En vérité, Messieurs, nous ne comprenons pas que des hommes sérieux, pratiques, qui ne
se paient pas d'illusions, puissent croire le Gouvernement capable de bien gérer les voies de
transport dans un pays vaste comme la France , centralisé comme le nôtre, où tant de soins
incombent à l'administration ; dans un pays constitutionnel, où tant d'exigences se manifes-
tent sous toutes les formes; dans un pays d'égalité, jaloux enfin, où l'on ne peut accorder
la moindre chose, faveur ou justice, aux uns, sans qu'au nom de l'équité on n'en réclame
immédiatement autant pour tous les autres. Faire de l'Etat en pareille circonstance, le grand
distributeur, l'unique transporteur des hommes et des choses, lui donner cette fonction si
compliquée, si pleine de détails, si grande, c'est aggraver à plaisir une tâche rendue déjà
bien difficile de nos jours, celle de gouverner. — Il vaut mille fois mieux, selon nous, laisser
l'industrie remplir cet office qui lui est naturellement dévolu; laisser le travail se développer
librement, sous ce rapport comme sous tous les autres. »

(2) L'octroi et les frais de navigation du Rhin, depuis la frontière hollandaise, s'élèvent à
13 c. par tonne et kilomètre (*le tarif moyen du chemin de fer belge est de 10 c.*) et la voie du
Rhin est d'un parcours plus que double à celui du transit par la Belgique.

d'Auvers à Cologne, la plus belle ligne de transit du continent, et que son chemin de fer est lui-même en rivalité sur les 2/3 de son territoire, avec un système de canaux et rivières d'une admirable navigation qui appartient aux 9/10mes à l'État qui les exploite! En sorte qu'en établissant sur son chemin de fer des taxes trop basses pour la marchandise, la Belgique dépasse d'abord, dans une large proportion, la limite du nécessaire pour conserver le transit qu'elle a enlevé au Rhin, et en outre elle fait la guerre à ses propres dépens à l'égard de la concurrence élevée à ses propres canaux.

Aussi, en raison de ce système vicieux de péage, la Belgique ne retire-t-elle guère que 4 p. 0/0 de revenu de son admirable réseau de chemins de fer; de cet instrument de transport qui a rencontré, réunis en Belgique, tous les éléments de succès; pays plat, très populeux, très industriel, possédant à foison fer et combustible!!!

Je ne saurais trop appeler l'attention de ceux de nos hommes d'État qui sont enclins à exproprier les chemins de fer français, sur cet exemple frappant que j'ai emprunté à la Belgique, ce pays essentiellement commercial et pratique, et je terminerai ces mots par une dernière observation.

L'Étranger, les Anglais, les Allemands, les Suisses, ont pris de forts intérêts dans nos chemins de fer, *fort heureusement pour la France*; à tort ou à raison, ils ont encore confiance dans ce mode de placement dont les chances ne sont pas les mêmes que celles présentées, ordinairement, par les rentes sur l'Etat. Ces Etrangers ont cédé, en général, à l'engouement de l'époque, et ils sont détenteurs d'actions de chemins de fer à des prix très élevés (c'est encore heureux pour la France), il y a dans les stipulations légales des concessions des clauses spéciales pour le cas de rachat par l'État.

Que résulterait-il du projet actuel du Ministre des finances?

Que vous manqueriez (la République!) sous toutes les formes à la foi promise, 1° en substituant un titre de rentes sur l'Etat (1), à une action industrielle constituant hypothèque locale et des chances toutes spéciales;

2° En sautant à pieds joints la stipulation spéciale, légale, posée pour le cas de rachat par l'Etat.

Et tout ce manquement de foi, pourquoi? Pour vous exposer à compromettre le succès d'affaires qui ont des chances autrement favorables dans les mains de compagnies que dans les vôtres, compagnies qu'en définitive vous pouvez exproprier, sans aucun recours compromettant pour vous, *si les conditions de la concession ne sont pas fidèlement remplies!*

C'est au nom de l'avenir moral et industriel de la République que je supplie

---

(1) Vous déclarez inoffensive cette masse de rentes que vous jetterez ainsi sur la place, au moment où vous avez besoin de crédit, et lorsque vos nouvelles formes gouvernementales inspirent peu de confiance aux capitalistes timorés !!

ses représentants, ministres ou députés, de prendre en considération les observations franches et désintéressées que je viens de leur soumettre ; que je les prie surtout d'appeler des flots de lumière sur ces questions aussi graves que compliquées, questions que l'agiotage a gravement défigurées, mais sur lesquelles les faits viennent aujourd'hui projeter une lumière salutaire.

La Belgique, l'Angleterre et l'Ecosse, l'Allemagne, chacun de ces pays où j'ai étudié les chemins de fer comme les canaux, m'ont fourni des documents pratiques importants, et je serai heureux de pouvoir les produire dans l'intérêt de la France.

Mai **1848**.   F. A.

P. S. Des hommes compétents à qui j'ai communiqué une épreuve de l'écrit qui précède, me font observer que, dans son projet de loi pour le rachat des chemins de fer, le gouvernement pose une question politique, tandis que moi je discute le côté économique ! Bien qu'il y ait une grande connexité entre la politique et l'économie, Dieu me garde de rien faire qui puisse porter la moindre atteinte au prompt affermissement de la République ; que l'Assemblée nationale consacre donc l'expropriation des chemins de fer, si cela peut être utile au pays, mais alors, pour remplir entièrement ce but d'utilité, ne faudrait-il pas introduire dans le projet de loi les deux mesures ci-après :

1° *L'obligation formelle*, pour chaque chemin de fer, *d'un tarif rémunérateur*, consacrant non seulement le principe de la justice distributive, mais qui maintiendrait en outre une concurrence convenablement réglée entre les différents moyens de transport.

2° *Une répartition graduée*, pour l'échange des actions de chemin de fer, contre les inscriptions de rente en 5 °/₀, afin que la place ne puisse plier sous le poids, même partiel, d'une émission simultanée.

NOTES ET CITATIONS

Empruntées à mes études pratiques sur la Navigation intérieure.

ECRIT DE 1841. — INTRODUCTION. — *Pages 1 et 2.*

Le contrôle des travaux des Ponts-et-chaussées par eux-mêmes, est une déception. L'état de leurs travaux, tel qu'il résulte de mes enquêtes, qui sont justifiées par l'exagération des frais de transport, est la preuve irrécusable de l'inefficacité du contrôle de l'administration.

1841. — *Pages 35 et 36.*

Mesures inexplicables prises sur le canal du Rhône au Rhin, quant aux bois de sapin étranger, qui ont pour résultat une perte de plus de 5 millions par le Trésor, sans parler de la dépréciation du sapin par le flottage, de la ruine des ouvrages du canal et des entraves à sa circulation.

1841. — *Page 50.*

Abus sur le péage des vins qui enrichissent les grands propriétaires de vignobles au détriment du Trésor, sans aucun profit pour la consommation ; on peut aussi évaluer à plus de 5 millions, pour le seul canal de Bourgogne, la perte de recette éprouvée par le Trésor.

1841. — *Page 51.*

Vicissitudes de la navigation de la Loire, auxquelles l'imparfaite confection du canal latéral de la Loire n'a encore pu remédier. Voici les observations textuelles : « Je demanderai aux
» bons citoyens quel fonds de travail pour la classe marinière peut reposer sur un pareil
» moyen? (La Haute-Loire). Les hommes qui s'y livrent doivent cependant trouver dans le
» petit nombre de jours où ils sont occupés d'une manière suivie, la subsistance annuelle
» d'eux et de leurs familles; mais cette difficulté surmontée, comment remplissent-ils les lon-
» gues et fréquentes journées pendant lesquelles les capricieuses vicissitudes du fleuve les
» laissent dans l'inaction? — Cette inaction, qui frappe sur des classes ignorantes, les met
» aux prises avec le vice; elle est pour eux et leurs familles une cause de misères profondes,
» et pour la société en général une cause de désordres, lorsqu'au contraire on pourrait tirer
» un bon parti de ces hommes endurcis aux travaux les plus pénibles.

» Ce n'est donc pas une question purement commerciale qui est attachée à la substitution
» d'une navigation régulière à celle très irrégulière de la Loire, c'est plus, c'est une haute
» question de civilisation et de philanthropie. »

1841. — *Pages 105 à 108.*

Analyse de l'écrit résumant, par le tableau des canaux exécutés, l'esprit d'incohérence, l'absence de véritables idées économiques, dans l'administration dirigeante.

1841. — *Page 114.*

Textuel : « Je pense que le bonheur et l'avenir d'un pays reposent principalement sur le
» patriotisme de ses habitants, et si cette vertu commande quelquefois l'abnégation des
» intérêts privés et locaux, en faveur des intérêts généraux, elle exige toujours, au moins,
» que ces intérêts privés lui soient subordonnés. — Lorsqu'il en est ainsi, l'intérêt personnel
» ou local est un véhicule respectable; mais il devient une plaie nationale dès qu'il sort de
» cette condition secondaire. C'est parce que, depuis quelques années, l'abus semble préva-
» loir, que je ne crains pas de signaler cette fâcheuse tendance à la vigilance des dépositai-
» res du pouvoir !

— 14 —

1841. — *Pages* 133 *et* 134.

Conséquences funestes pour la population de Paris de l'exagération du droit d'entrée perçu sur les vins, par l'octroi et le Trésor.

1841. — *Annexe 8e.*

Napoléon écrit à son ministre Crètet : qu'il veut qu'on achève les canaux et qu'on les livre, par la vente, à des compagnies qui les exploiteront; il ajoute : que des guerres et des *hommes ineptes* empêcheront l'achèvement des canaux.

1841. — *Annexe 7e.*

Même opinion, quant à l'administration des canaux, émise par les Etats de Bourgogne, en 1781.

1842. — *Pages 2, 27 et* 31.

Comparaison des travaux anglais avec les nôtres. — Etude pratique de la canalisation anglaise; exposé de la législation qui a entouré et protégé l'esprit d'association, à sa naissance en Angleterre.

1842. — *Page* 32.

M. Mathieu , député de Saône-et-Loire., explique comment M. Legrand , des ponts -et-chaussées, a provoqué la construction de la double ligne de chemin de fer de Paris à Versailles.

C'est ainsi que l'administration a perdu la plupart des affaires industrielles et compromis l'esprit d'association.

1842. — *Pages 51 à* 53.

La manière irréfléchie avec laquelle on a procédé en France, quant aux chemins de fer, est la principale cause des embarras actuels. — Conseils inutilement donnés à ce propos.

1842. — *Pages 71 à* 73.

Pauvreté d'une grande partie de nos agriculteurs riverains des canaux ; ils s'en servent peu ou pas; il serait infiniment plus utile de perfectionner le service de la navigation, en conservant ou même augmentant le péage, que de les dégrever pour maintenir l'impôt sur le sel. Infériorité du chemin de fer sur le canal pour la petite propriété et l'agriculture ; conclusions textuelles : « Conservons nos tarifs, respectons les traités librement votés ; laissons
» faire à l'industrie dégagée des entraves administratives, encourageons le travail qui mora-
» lise, pourchassons sans relâche l'agiotage qui corrompt et qui tue, qui rend la condition
» de l'homme probe et laborieux plus difficile que celle de l'homme vénal et de l'intrigant ;
» alors la France sortira pleine de vie, du marasme et de la confusion qui la tourmentent,
» depuis le règne des doctrines coupables et insensées que je combats. »

1842. — *Page* 78.

Opinion de Manuel (8 juillet 1822) sur l'administration gouvernementale ; il dit : « Que
» si le doigt du Gouvernement se montre dans une affaire, cela suffit pour l'empoisonner ;
» qu'il faut laisser aux particuliers une liberté entière ; que lorsque l'institution des Ponts-
» et-Chaussées fut créée sous Louis XIV, ce ne fut pas pour en faire une administration en-
» vahissante , mais pour former des ingénieurs éclairés. Jetez les ingénieurs dans la société,
» associez-les aux entreprises des citoyens, vous verrez se développer cette ère de prospé-
» rité vers laquelle vous voulez marcher ; mais ce n'est pas en concentrant tout dans vos
» mains que vous obtiendrez ce résultat : un Gouvernement n'aura réellement de la force,
» qu'en laissant la société se développer elle-même. »

1844. — *Pages 1 à 8.*

Analyse introductive de l'écrit : Richesse de la France en voies fluides, naturelles et artificielles. — Absurdité mathématiquement démontrée du système fiscal qui y préside. — Comparaison de l'administration française avec celle de l'Angleterre et de la Belgique. — « C'est » aux bons citoyens, dis-je, à ceux qui placent la prospérité du pays au-dessus de leurs in- » térêts privés, c'est à ceux-là que je recommande la lecture des chapitres spéciaux dont l'a- » nalyse succincte et incomplète est ici-dessus indiquée. »

1844. — *Pages 9 à 13.*

Inventaire du réseau navigable français. — Lenteur de sa navigation la mieux ordonnée ; ainsi dans le Nord, la navigation ordinaire fait à peine 7 kilomètres par 24 heures. Les mariniers se ruinent : « Le Gouvernement, dis-je, a un immense intérêt à leur ménager un meil- » leur avenir ; c'est chose dangereuse que de laisser aux prises avec le besoin et la misère, » une classe d'hommes laborieux et énergiques. Que ceux que la philanthropie ou les inté- » rêts de l'Etat émeuvent faiblement, que ceux-là au moins soient éclairés par leur propre » égoïsme. Il est sans doute fort doux de vivre dans le sein des villes au milieu des aisances » du luxe et des délassements que procurent la société et les arts ; mais il faut chercher à » assurer la durée de ces jouissances, et l'unique manière de le faire, c'est en procurant du » travail et du pain aux classes inférieures de la Société. »

1844. — *Pages 15 à 23.*

Déplorables menées d'agiotage et de monopole des riverains du canal du Rhône au Rhin, et des constituteurs *riverains* de l'affaire. — L'un d'eux, longtemps ministre des finances, est mis à l'index, page 18, note 2ᵉ. Tout ce chapitre donnera au lecteur une idée exacte des embûches de tous genres qui attendent au passage toute administration publique.

1844. — *Pages 33 à 36.*

Transit de la Méditerranée à Bâle, grevé de 20 francs de péage (1,000 kilog.) sur les voies navigables françaises, et de 200 fr. de surcharge en frais de transports totaux par les Alpes et la Suisse. — *On préfère, néanmoins, transiter par l'étranger.* — L'explication de ce fait est dans les abus de tous genres qui sont patronisés en France par l'administration elle-même.

1844. — *Page 36.*

Comment la double question de l'impôt sur le sel et du péage sur les routes de terre est envisagée en France, en Prusse et en Suisse.

1844. — *Pages 37 à 41.*

Notes sur la conservation des forêts. — L'amour du bien public fut toujours le principal véhicule de cette conservation ; il fut la principale origine des plantations faites et conseillées par des hommes dont l'histoire la plus reculée a légué les noms à la reconnaissance de la postérité.

1844. — *Pages 52 à 58.*

Prospérité des canaux du midi qui sont administrés par des compagnies et services qu'ils rendent à l'agriculture et au commerce, nonobstant des péages qui sont plus que doubles de ceux en vigueur sur les canaux de l'Etat.

1844. — *Pages 58 à 59.*

Prodigalités à l'occasion du port de Cette qui se perd rapidement et du canal latéral à la Garonne qui est une superfétation.

1844. — Pages 76 à 77.

Différents moyens présentés pour la solution de la question des canaux.

1844. — Page 82.

Tableau des prix payés par les compagnies de 1822 pour la demi-jouissance qui leur a été engagée pendant quarante années.

1846. — Tableau ci-après annexé.

Sur une partie du canal du Berry les frais de navigation ne sont, par tonne transportée à un kilomètre, que de 1 c. 1/2.

Sur une autre partie du canal et sur les canaux de Bretagne, ces mêmes frais s'élèvent de 6 à 7 centimes.

Si nous avions une guerre maritime, les houilles du centre de la France n'arriveraient sur nos ports de l'ouest que grevés de dépenses *quintuples* de celles normales; ajoutez à cela des retards et des avaries analogues. Les causes de cette ruineuse circulation sont détaillées dans le tableau.

RÉSUMÉ.

Toute la portée économique de mes Études pratiques se trouve résumée dans cette différence en perte susindiquée de 4 à 5 centimes, par chaque tonne transportée à un kilomètre, sur une partie du canal de Berry et sur ceux de Bretagne, perte que le commerce supporte, par suite de l'imperfection de ces canaux; c'est du plus au moins la déplorable histoire de nos voies navigables, en général, et cela a toujours été la conséquence pratique que j'ai tirée de toutes les imperfections des voies que j'ai décrites dans mes écrits. Il y a dans le système qui régit notre navigation intérieure, une perte économique annuelle que j'ai pu évaluer à 20 millions de francs sur les tonnages réels, et il me sera facile d'établir la réalité de cette évaluation que je crois au-dessous de la vérité.

Cet état de choses se perpétue depuis dix ans par la faute de l'administration.

Fr. AULAGNIER.

TABLEAU comparatif de la Situation constitutive et de l'Exploitation commerciale des Canaux de BRETAGNE et du BERRY, fin de l'année 1845.

NOTE. Deux cents kilomètres de Loire séparent le Canal du Berry (à son embouchure à Tours) des Canaux de Bretagne, à leur embouchure à Nantes.

CANAUX DE BRETAGNE.

Prix de transport établis, en 1845, sur les différens points de ces Canaux, sans y comprendre aucun Droit de Navigation.

DIRECTION DES TRANSPORTS.	PARCOURS EN KILOMÈT.	NATURE DES TRANSPORTS.	INDICATEURS DES PRIX MENTIONNÉS.	PRIX DE REVIENT DU TRANSPORT par tonne et par kilomètre.
				centimes. millièmes.
De Redon à Nantes	97	Fourrages, engrais, bois.	L'ingénieur en chef à Nantes . .	6 20
De Redon à Pontivy, Malestroit à Redon, St-Samson à Hennebon, et Redon . . .	109, 63, 89, 81 . .	Grains, bois, fers, charbons.	M. Simon de Redon	7 25
St-Samson à Port-Launay, Port-Launay à Carhaix, Gouarec, etc., etc.	108, 118, 37, 96, 77.	dº dº dº dº	Dº et Martin de Port-Launay . .	7 10
			Terme moyen. . . .	7 centimes.

Comparaison des Prix de Transport, avec Droits de Navigation, sur les Canaux de Bretagne, dans deux conditions, de bonne et de mauvaise Navigation, avec les prix du Cabotage concurrentiel : ceux-ci offrant la moyenne des Frets pour l'aller et le retour.

DIRECTION DES TRANSPORTS.	PARCOURS EN KILOMÈT. en suivant les Canaux.	PRIX SUR LES CANAUX avec les frais actuels, savoir 7 c. moyenne des droits actuels 2 c. TOTAL. . . 9 c.	PRIX SUR LES CANAUX avec les frais d'une bonne navigation, savoir : 2 c. moyenne des droits actuels 2 c. TOTAL. . . 4 cent.	FRET MARITIME, soit la moyenne des Frets de 1845, pour l'allée et le retour.
		francs centimes.	francs centimes.	francs centimes.
Nantes à Brest, et vice versa	490	36 » par tonne	16 » par tonne	9 50 par tonne.
Nantes à Saint-Malo, id.	285	25 50	11 40	20 »
Nantes à Redon, id.	97	8 70	3 90	5 30

ANALYSE sommaire des causes qui maintiennent sur les Canaux de Bretagne des Frais de Navigation à 7 centimes au lieu de 2 centimes, taux d'une bonne navigation.

Canal de Nantes à Brest.

48 kilomètres, entre Nantes et l'amont de Redon, sont sans aucun chemin de halage, dans les marécages formés par l'Erdre, l'Isac, la Vilaine et l'Oust.

Deux points de partage (Rivero et Glomel), sur les trois du canal, sont incomplètement alimentés.

Un certain nombre d'usines, placées à côté des barrages écluses, peuvent tourner avec des vannes de fond au lieu d'être limitées aux eaux superficielles, et font baisser l'étiage du Canal.

Une foule de ponts défectueux, de hauts fonds, de déversoirs mal placés et mal outillés, de courans, empêchent l'usage des grands bateaux de la dimension des écluses, et réduisent le touage au tiers de ce qu'il pourrait être.

Insuffisance de transports qui s'explique par la cherté des frais de navigation, ce qui laisse le champ libre même au roulage.

Mauvais reliement, ou reliement imparfait du Canal avec la navigation maritime à Brest, Lorient et Redon, circonstance qui favorise encore le roulage.

Absence de ports, d'embarcadères, de batellerie, de commissionnaires de transport, absence de chemins aboutissant au Canal, ou très mauvais chemins.

Pays traversé, en général désert ou inculte, car en suivant le halage, là où il existe, on trouve des parcours de 24, 39 et même 72 kilomètres sans gîtes pour le voyageur.

Le Canal de Nantes à Brest n'est pas planté, ni sur sa ligne, ni sur ses rigoles.

Canal d'Ille et Rance, ligne de Saint-Malo.

Reliement imparfait du Canal avec la navigation maritime de Saint-Servan et Saint-Malo.

Sinuosités pernicieuses près de Dinan et pont d'une grande difficulté à Dinan.

Alimentation suffisante, mais l'eau du principal réservoir (le Boulet) se perdant aux 7/8 dans une rigole de 15 kilomètres de longueur, avec pente insuffisante, perte qui porte un double préjudice en réduisant les eaux nécessaires à la navigation, et en donnant lieu à des demandes en indemnité.

Usines tournant avec des prises de fond, au lieu d'être limitées aux eaux superficielles, ce qui donne lieu à la baisse de l'étiage du Canal.

Absence de ports, d'embarcadères, de batellerie, de commissionnaires de transport, et par tous ces motifs les frais de navigation qui, ordinairement, ne sont que de 4 centimes, se sont subitement élevés à 9 centimes, en décembre 1845, à cause d'envois de grains d'urgence.

Le Canal d'Ille et Rance est à peu près garni de plantations récentes, sur sa ligne seulement, mais pas sur ses rigoles.

Vilaine canalisée de Rennes à Redon.

Vingt kilomètres sont établis dans les marais de la Vilaine, et sans aucun chemin de halage.

Sur les 70 kilomètres restans, le halage est imparfait.

Usines tournant avec des vannes de fond, au lieu de prises d'eau superficielles.

Un barrage sans écluse, près de Redon, arrêtant quelquefois les bateaux pendant 8 jours.

Les frais de navigation qui, d'ordinaire, sont à 6 centimes sur la Vilaine, sont montés extraordinairement à 19 centimes en décembre 1845.

RÉSUMÉ.

Résumé de la Situation des Canaux de Bretagne, et conséquences de cette Situation.

Ces Canaux entrepris dans un but politique, la guerre maritime et le cas échéant, ne pourraient remplir leur destination, soit à cause de la cherté de leur navigation, soit encore par la faible durée des époques où ils sont navigables en des conditions passables ; dans leur état actuel, ils laissent donc le champ libre au roulage, et, ce qui est plus grave, ils ne provoquent que des défrichemens peu importans et des perfectionnemens peu sensibles dans un pays arriéré et moitié inculte ; tandis qu'une canalisation complète, exploitée avec intelligence et des capitaux suffisans, produirait une heureuse révolution dans ce pays, en le faisant passer de son état sauvage à l'intérieur, à l'état de progrès des autres parties de la France.

Adviendra une guerre maritime, comment les arsenaux de Brest et Lorient seront-ils approvisionnés ? Même les bateaux du Berry, malgré leurs petites dimensions, mais à cause de leur longueur, ne pourraient pas naviguer sur une partie des Canaux de Bretagne, et sur ceux-ci il n'existe, pour ainsi dire, pas de batellerie, ou la batellerie est barbare.

CANAL DU BERRY.

Prix de transport établis, en 1845, sur différens points de ce Canal, sans y comprendre aucun droit de Navigation.

Partie artificielle du Canal du Berry, naviguée jusqu'ici avec un tirant d'eau de 0ᵐ85ᶜ à 0ᵐ95ᶜ.

DIRECTION DES TRANSPORTS.	PARCOURS EN KILOMÈT.	DENRÉES TRANSPORTÉES.	PRIX DE REVIENT PARTIELS par tonne et kilomètre.	MOYENNES par tonne.
			Centimes. Fractions.	Centimes.
De Montluçon à Bourges, Noyers, Marseille-lès-Aubigny	117, 129, 130	Houilles et fontes.	2 c. 4/5, 2 c. 2/5, 2 c. 1/5. }	
De Bourges à Saint-Amand et Montluçon.	49, 129.	Minerais et castine.	1 c. 1/2, 2 c. (note 3) }	2

Partie du Cher canalisée (60 à 70 centimètres avec l'aide des barrages).

De Tours à Noyers	62 kilomètres.	Marchandᵉˢ couverte et décᵗᵉ.	8 c. 1/8.	
De Noyers, Bourré, Montrichard à Tours et à Saint-Avertin	41, 45, 56, 62.	Houille, pierres, bois de tous genres.	7 1/2, 6, 8 1/4, 7 1/10, 6 2/3. }	7

Analyse des causes de disproportion et de cherté des Frais de Navigation sur le canal du Berry.

Navigation artificielle

ALIMENTATION INCOMPLÈTE. On a creusé trois puits artésiens ; deux sont terminés et donnent un petit filet d'eau ; on continue à creuser le 3ᵐᵉ qui est arrivé à plus de 400 mètres de profondeur. On a suppléé à l'insuffisance radicale des puits artésiens, par deux réservoirs, celui de l'Auron qui est et celui de la Marmande qui vient d'être terminé : l'Auron, qui verse ses eaux au point de partage, est insuffisant ; la Marmande, qui les versera à dix mètres au-dessous, dit-on, l'alimentation ; mais pour que les eaux de ce réservoir principal puissent arriver au bief de partage, condition capitale, il fallait les y conduire au moyen d'une rigole de jonction qui est étudiée et même jalonnée ; mais l'achat des terrains n'avait pas encore eu lieu en octobre 1845 (note 1ʳᵉ).

MAUVAIS OUTILLAGE DU CANAL. Ses portes d'écluse, ses nombreux ponts-levis sont, pour la plupart, dans un état déplorable et occasionnent à chaque instant des chômages dans la navigation ; par le fait de ce mauvais outillage et de l'insuffisance de l'alimentation, le chômage en 1845 a duré près de cinq mois (voir une note à la note 1ʳᵉ).

Canalisation du Cher au moyen de Barrages mobiles éclusés.

TRANSBORDEMENS, par suite de changemens de régime de navigation ; on a fait pour cela une belle gare à Noyers, mais les bateaux de rivière ne peuvent y entrer dans la petite section de l'écluse ; le transbordement doit donc se faire en lit du Cher dans un emplacement difficile et dangereux.

ABSENCE DE HALAGE. Aucun halage n'est tracé sur 56 kilomètres de Cher canalisé ; nécessité de changer de rive à chaque instant, pour ne pas être arrêté par les affluens du Cher, sur lesquels il n'existe aucun pont.

OBSTACLES DIVERS. Quantité de faux bras de rivière, ouvrages d'anciens moulins détruits, à moitié démolis, atterrissemens vieux ou nouveaux non draguées, mal combinées ; autant d'écueils pour la navigation.

INSUFFISANCE DE MOUILLAGE. Le Cher canalisé fait partie d'un canal à 1ᵐ60 de profondeur : voici les hauteurs d'eau constatées à l'aval de chaque barrage dans une navigation faite en octobre 1845. La hauteur d'eau est prise au-dessus de l'étiage ; si l'étiage naturel du Cher est de 40 centimètres, ce sera profondeurs ci-après indiquées, qui ont été relevées sur les échelles métriques placées à l'aval des barrages.

Nº 1, 0ᵐ65. — Nº 2, 0ᵐ68. — Nº 3, 0ᵐ58. — Nº 4, pas d'échelle. — Nº 5, 0ᵐ46. — Nº 6, 0ᵐ35. — Nº 7, 0ᵐ47. — Nº 8, 0ᵐ35. — Nº 9, 0ᵐ48. — Nº 11, 0ᵐ20. — Nº 12, 0ᵐ48. — Nº 13, 0ᵐ40. — Nº 14, 0ᵐ50. — Nº 15, 0ᵐ50. — Nº 16, 0ᵐ60.

Lors de la circulation qui a donné lieu à ces constatations il n'y avait aucune régularité dans le jeu des barrages, dont plusieurs, disent les employés, influent sur le barrage d'Antons !! Aussi a-t-on rencontré ensablé un bateau tirant 0ᵐ65. Cela s'explique parfaitement : admettons que l'étiage naturel du Cher ajoutez-y les 0ᵐ20 constatés au barrage Nº 11, vous avez donc un mouillage total de 0ᵐ60, au lieu de 1ᵐ60, taux normal de la navigation du Canal.

RÉSUMÉ.

Résumé et Conséquences de la Situation du Canal.

Le Canal du Berry a pour but principal (note 2) le transport, sur la Basse-Loire, des houilles du riche bassin de Commentry et des fontes en faveur de ces houilles et d'un minéral riche et abondant ; dans une année Commentry sera relié à Montluçon (tête Sud du canal de Berry) par ce qui précède on jugera comment les houilles, les fers et les fontes du Berry pourront être transportés sur la Basse-Loire ; comment les arsenaux de Lorient, Cherbourg ; les ports de Nantes et St-Malo, l'usine d'Indret, pourront être desservis par les Canaux de Bretagne et du Berry, dans le cas de guerre maritime ; on jugera aussi, pour le cas de paix lui-même, de la concurrence que les houilles et les fers du Berry pourront faire aux houilles et fers de l'étranger.

NOTES.

Extrait des rapports du budget concernant les canaux.

Citation empruntée au rapport général sur le budget présenté à la Chambre des députés, par M. Gouin, le 29 juin 1839.

Nous allons posséder une longueur de près de six cents lieues de canaux sur lesquels seulement, deux cent cinquante lieues sont soumises aujourd'hui à la perception des droits de péage, malgré que la presque totalité en soit terminée et livrée à la navigation. — Jusqu'à ce moment les faibles produits réalisés (environ 25,000,000 fr.) ont à peine suffi pour couvrir les frais d'entretien ; cet état de choses ne saurait être continué (*cela a été dit en 1839 et l'état de choses existe encore en 1848*). Nous sommes arrivés au moment où il n'est plus possible d'ajourner la solution des difficultés que présente cette question ; il est indispensable de chercher à apprécier le taux des tarifs concédés lors des emprunts pour la perception des droits, d'aviser au moyen de les uniformiser autant que possible et surtout de les mettre en harmonie avec ce que réclament l'intérêt du commerce et celui même des compagnies — La communauté d'intérêt qui existe entre ces dernières et l'État est, sans aucun doute, un empêchement grave pour agir promptement, mais elle ne peut être une cause d'ajournement indéfini.

Citation empruntée au Rapport général sur le Budget pour 1848, présenté à la Chambre, le 29 mai 1847, par M. Bignon.

Toujours préoccupés des divers points de vue de cette question des canaux, il nous importait de savoir ce qu'il avait été tenté et préparé pour la résoudre ; — car le Gouvernement, pressé par les vœux des Chambres, avait exprimé, dans la session dernière, la volonté de s'en occuper sérieusement. Nous avons donc voulu entendre sur ce point M. le Ministre des finances ; nous sommes heureux de dire qu'il résulte des explications qui nous ont été données, que cette importante affaire est bien près de sa solution ; que les propositions d'une compagnie qui offrirait de se charger de l'achèvement, de l'entretien, de l'exploitation des canaux et du rachat des actions de jouissance, moyennant un fermage à long terme et un tarif déterminé, avaient été acceptées ; qu'un projet de loi se préparait, et qu'il était permis d'espérer qu'il serait soumis, dans cette session, à la sanction des Chambres.

Votre Commission désire vivement que cette manière de résoudre la question, qui lui paraît la plus praticable, n'éprouve aucun retard pour arriver jusqu'à vous, et que, tous les intérêts ainsi conciliés, il soit enfin permis au pays, sous la condition d'un tarif modéré, de profiter du bénéfice de ces voies navigables, dont on a voulu l'enrichir. — Nous désirons d'autant plus vivement cette solution, qu'on peut à bon droit se préoccuper de la dépense considérable que devrait s'imposer l'État pour l'achèvement de ces Canaux et le rachat des actions de jouissance, dans l'hypothèse de l'exploitation à son profit et par ses agents.

Nota. — *Les Commissions du Budget étaient les plus importantes, comme les plus nombreuses de la Chambre ; elles étaient composées de dix-huit députés, choisis parmi les plus versés dans les questions de finances.*